LANDSHUT
DIE STADT

LANDSHUT
DIE STADT

HELMUT STIX | KATRIN FILLER

Verlag Attenkofer

INHALT

Die Burg Trausnitz
Wo alles begann

Hoch droben auf dem Hofberg, gleichermaßen wachend wie thronend über der Stadt, steht die Burg Trausnitz. Die stattliche Anlage, einst Sitz der hier regierenden Herzöge, strahlt noch immer Wehrhaftigkeit aus und das Selbstbewusstsein der mächtigen Herrscher, das sich gleichsam über die Jahrhunderte in den Stein gesetzt hat. Selbstbewusst war schon Ludwig I., der Kelheimer, der Burg und Stadt, damals beide unter dem Namen Landshut, 1204 gegründet hat. Die Entscheidung ist noch heute nachvollziehbar: Der Bergzug oberhalb des Flusslaufs bietet einen weiten Blick über das Land; die Isar war eine wichtige Verkehrsader, der Ort Knotenpunkt von Militär- und Handelsrouten – auch wenn Ludwig nachgeholfen hat, indem er eine bischöfliche Straßburg ein wenig flussaufwärts zerstörte. Ein kluger Schachzug: Landshut, Residenzstadt der niederbayerischen Herzöge, florierte und wuchs schnell – an Wirtschaftskraft, an Einwohnerzahl, an Kultur.
Stets im Mittelpunkt, von Machtkämpfen unbeeindruckt, stand die Burg Trausnitz, die diesen Namen erst 1551 bekam: wohl von „Trau es nit – Wage es nicht (anzugreifen)“. Der sprechende Name war gar nicht nötig, die große Bedeutung war klar: Die Trausnitz war eine Stammburg der Wittelsbacher und ist heute die älteste erhaltene Burg der Dynastie. Hier residierten die Herrscher, hier feierten sie, hier stellten sie ihre Macht zur Schau, auch mit zahlreichen An- und Umbauten. Jeder Herzog drückte ihr seinen Stempel auf. Das ist noch heute sichtbar: Von außen wehrhafte Burg im Stil des Mittelalters, offenbart sich beim Betreten des Burghofs eine schlossartige Renaissance-Ansicht mit Arkadengängen. Wer heute über den Wehrgang zur Burg geht, kann sich kaum vorstellen, dass das Areal einst dicht bebaut war. Um die Trausnitz war eine Art Burgdorf entstanden, mit Wirtschafts- und Verwaltungsgebäuden, Räumen für das Gefolge, Lusthäuschen, Irrgärten, Ställen und Tierzwingern. Vieles davon entstand unter Wilhelm V., der ab 1568 Künstler, Musiker und Komödianten in Landshut um sich scharte – und Exotik brachte: Er richtete eine Kunst- und Wunderkammer ein, eine der damals neuartigen fürstlichen Sammlungen, die als Vorläufer heutiger Museen gelten. Inzwischen wurde dort eine solche Kammer wieder für Besucher eingerichtet. Wilhelm V. ließ auch die heute noch berühmte Narrentreppe mit Figuren der Commedia dell'arte gestalten.
Das prägende Erscheinungsbild schufen aber die Reichen Herzöge, die Landshut vom späten 14. bis ins frühe 16. Jahrhundert zu voller Blüte brachten und die Burg umfangreich umgestalteten. Besonders eifrig ging Herzog Ludwig der Reiche zu Werke, der 1475 auch die Vermählung seines Sohnes Georg mit der polnischen Königstochter Hedwig so außergewöhnlich prächtig gestaltete, dass sie als Landshuter Hochzeit Eingang in die Chroniken fand. Stets strahlte die Macht der Landshuter Herrscher auf die Stadt aus, zog die Besten an: Die hiesigen Plattner waren weltberühmt, Zeugnisse des regen Kirchenbaus können noch heute bewundert werden, Malerei und Skulptur blühten ebenfalls, viele Kaufleute ließen sich hier nieder. Erst im 17. Jahrhundert nahm die Bedeutung Landshuts ab. Was auch als Glücksfall gewertet werden darf: Weil Geld für Um- und Neubauten fehlte, ist sehr viel an historischer Substanz erhalten geblieben. Die Landshuter wissen das zu schätzen und sind stolz bedacht, ihre denkmalgeschützte Kulisse zu erhalten. Auch in den beiden Weltkriegen wurde nur wenig zerstört. Vielleicht wacht ja tatsächlich ein Schutzengel über der Stadt?

„Ein Engel beschützt die Stadt Landshut“
Gemälde von Kaspar Sing, um 1703

Wachend und thronend:
Die Burg Trausnitz

Auf dem Weg zur Burg:
Burgfriedensäule und
Wittelsbacher-Turm

Über die Fürstentreppe,
sog. „Ochsenklavier“,
hin zur Burg

Herzoglich – die Burg,
ein Wahrzeichen
der Stadt Landshut

Der älteste Teil der Burg, der Wittelsbacher-Turm

Blick auf den Wehrgang
durch das Überreiter-Tor

Ein Juwel: …

… die Georgskapelle

Der Burginnenhof mit
den Renaissance-Arkaden

Die Narrentreppe

Die alte Dürnitz

Das mächtige Areal
der Burganlage

Der Weinkeller Ludwig X.,
erbaut 1541/42

Blick von der Burg
auf die Stadt

Der Palazzo Ludwig X.,
die Stadtresidenz

Die Stadtresidenz

Der erste Renaissancepalast nördlich der Alpen

Das blühende Jahrhundert der Reichen Herzöge endete im Kampf: mit dem Landshuter Erbfolgekrieg 1503 bis 1505. Kaum schien Friede zwischen Bayern-Landshut und Bayern-München eingekehrt, bahnte sich ein Streit zwischen den Brüdern Ludwig X. und Wilhelm IV. an. Doch dann teilten sie sich die Macht: Wilhelm residierte in München, Ludwig in Landshut; bei geteilter Verwaltung war die Regierung vereint. Die gemeinsame Regentschaft an zwei Residenzstädten erwies sich als harmonisch – und als weiterer Glücksfall für Landshut: Ludwig X. baute einen Palast in der Altstadt und wurde zum Wegbereiter der Renaissance für die Stadt.
1516 bezog Ludwig X. die Burg Trausnitz und erneuerte die prachtvolle Hofhaltung in Landshut, die viele Künstler und Gelehrte anzog. 1536 begannen unter dem Augsburger Baumeister Bernhard Zwitzel die Bauarbeiten für Ludwigs Residenz. Ein Herzog in der Stadt, inmitten der Bürger: Das klingt aufsehenerregender, als es war. Es gab bereits eine Stadtwohnung auf dem Gelände. Und der Bau war nie als Ersatz für die Burg gedacht, für die damalige Hofhaltung war er zu klein. Er konnte als Gästewohnung dienen. Und doch geriet der Neubau spektakulär. Er veränderte das ohnehin glanzvolle Stadtbild auf bis dahin nicht gesehene Weise. Der später Deutscher Bau genannte Komplex in der Altstadt war für Landshut schon innovativ, Baumeister Zwitzel plante sehr modern, mit Anleihen venezianischer Bauten. Eine wahre Sensation aber war das Gebäude zur Ländgasse hin: der erste Renaissancepalast italienischer Prägung nördlich der Alpen.
Ludwig X. war 1536 in Italien gewesen und dort vom Palazzo Te des Herzogs von Mantua überwältigt – ein damals in Italien hochmoderner Bau. Schon im folgenden Jahr begannen in Landshut die Arbeiten für den sogenannten Italienischen Bau. Mehr als ein Dutzend Ziegeleien in und um Landshut brannten die Ziegel nach italienischem Maß. Ludwig X. ließ italienische Handwerker und Baumeister nach Landshut kommen: Meister Sigismondo aus Mantua leitete den Bau zumindest zeitweise, der Entwurf stammt vermutlich von Giulio Romano, dem Baumeister des Palazzo Te.
Der Palast Ludwigs X. erstreckt sich von der Altstadt über die Ländgasse bis zur Isar. Doch er steht nicht nur für den Machtanspruch des Herzogs, er zeigt auch dessen hohen kulturellen Anspruch. Die Gewölberäume wurden von italienischen Stuckateuren gestaltet, berühmte Künstler wie Herman Posthumus, Hans Bocksberger der Ältere und Ludwig Refinger bemalten sie mit religiösen und antiken Bilderzyklen nach italienischem Vorbild, die noch heute ihresgleichen suchen.
Die Fassade zur Altstadt hin, heute komplett weiß, war ursprünglich ebenfalls mit Malereien geschmückt. Erst um 1780 ließ Pfalzgraf Wilhelm von Birkenfeld-Gelnhausen sie in klassizistischem Stil gestalten. In dieser Zeit entstanden auch die Birkenfeldzimmer im Deutschen Bau, die 1803 Kurprinz Ludwig – später König Ludwig I. – bezog, als er in Landshut studierte.
Die Räume im Deutschen Bau nutzte schon Ludwig X. als Wohnräume. Sie waren niedriger und damit besser heizbar und wohnlicher als die im gegenüberliegenden Trakt, der repräsentativen Zwecken diente. 1539 war der Deutsche, 1543 der Italienische Bau fertig. Beide sind durch Flügelbauten um einen prächtigen, mit Arkaden gesäumten Innenhof verbunden. 1545 starb Ludwig X. und mit ihm Landshut als Sitz regierender Herzöge. Sein Palazzo aber steht noch immer für wegweisende Architektur in der niederbayerischen Hauptstadt.

Der Erbauer:
Herzog Ludwig X.

Der mit Arkaden
gesäumte Innenhof

Fassadenseite
des Deutschen Baus
zur Altstadt hin

Antike Bilderzyklen schmücken die Räume im Italienischen Bau

Der Italienische Saal

Kapellengang

Die Hauskapelle
der Residenz

Eines der nach Pfalzgraf Wilhelm von Birkenfeld-Gelnhausen benannten „Birkenfeldzimmer“

Der Marstall
in der Ländgasse

Das Staatswappen
an der Fassade des
Italienischen Baus

Die Alte Stadt

Eine altbayerische Residenzstadt

Würden die Reichen Herzöge eine Zeitreise ins heutige Landshut unternehmen, sie würden sich in der Innenstadt ziemlich problemlos zurechtfinden. Altstadt, Neustadt samt der verbindenden Gassen sowie die Freyung waren zu ihrer Zeit schon angelegt, die Altstadt seit Beginn des 14. Jahrhunderts auch gepflastert. Von Anfang an war dies eine Handelsstadt, hier kreuzten sich die Wege von München Richtung Bayerischer Wald und von den Alpen nach Norden. Die blühende Siedlung war ein Magnet für Kaufleute, Händler, Handwerker, Künstler und Geistlichkeit – und sie wuchs schnell. Der Ort wurde zunächst rund um die romanische Vorgängerkirche von St. Martin gebaut; der Bogen, den die Obere Ländgasse beschreibt, zeugt noch heute davon. Die junge Stadt suchte in der Nähe zur Kirche den Schutz Gottes, in der Nähe zum Hofberg den Schutz des Herrschers. Von diesem Rundling aus breitete sich die Stadt aus. Schon in der ersten Hälfte des 13. Jahrhunderts erstreckte sie sich bis zum Heilig-Geist-Spital am anderen Ende der Altstadt. Der platzartige Charakter ergab sich erst ab der Steckengasse – also nach den Bögen, unter denen auch Waren verkauft wurden. Läden gab es nicht. Mitten in der Straße standen Fleisch- und Brotbänke. Hier wurde Handel getrieben, bis die Bänke 1412 hinter das Rathaus verlegt wurden. Der Name Fleischbankgasse erinnert daran.

Auch dicht vor der Kirche standen Bauten, und der Kirchturm selbst stand noch frei: Er war nicht nur Glockenturm, sondern ebenso Wachturm, von dem aus Feinde und Feuer früh entdeckt werden konnten. Verheerende Brände setzten der jungen Stadt mehrmals zu: 1342 wurden bei einem Stadtbrand mehr als 112 Häuser zerstört, dazu Nebengebäude. Allesamt Holzbauten. Nur zwei Tage später wurde eine Verordnung erlassen, wonach künftig alle Häuser aus Stein erbaut werden sollten. Trotzdem brannte es in Landshut noch einmal 1405.

Schon ab 1250 wurde parallel zur Altstadt die Neustadt als zweiter Marktplatz angelegt, ein prächtig breiter Straßenzug. Ein dritter Marktplatz folgte mit der Freyung, die 1338 als neuer Stadtteil gegründet wurde. Der Name erzählt von dem Privileg der neuen Bürger: Sie waren zehn Jahre lang von Steuern befreit. Dafür mussten sie das sumpfige Gebiet, die Froschau, trockenlegen und eine Stadtbefestigung errichten. Das Viertel bekam mit St. Jodok eine eigene Kirche sowie einen Wochenmarkt und 1339 einen Jahrmarkt: die Bartlmädult, die noch heute gefeiert wird, wenn auch inzwischen an einem anderen Ort.

Bald war Landshut komplett von einer Stadtmauer umgeben. Acht Tore gewährten Einlass; nur zwei davon stehen heute noch teilweise: das Ländtor nahe der Isar und das Burghauser Tor an der Alten Bergstraße. Ein Rundturm blieb vom Münchner Tor, auch der Röcklturm an der Isarpromenade erinnert an die Stadtbefestigung. Die Landshuter Blüte machte die Stadt auch zu einer Dauerbaustelle: Infrastruktur, Stadterweiterungen, Bürgerhäuser, Prachtbauten und Kirchen – diese Bauarbeiten dauerten teils Jahre oder gar Jahrzehnte. Knapp 300 Jahre lang wuchs Landshut rasant und wurde zu einer der bedeutendsten Städte im Herzogtum. Was danach in der alten Stadt folgte, waren weniger räumliche, sondern vor allem bauliche Veränderungen: Das Rathaus wurde vergrößert, bis es sich über drei Gebäude erstreckte, die Stadtresidenz wurde gebaut, Klosteranlagen samt Kirchen kamen hinzu. Als der letzte bayerische Herzog 1545 starb, hatte die Innenstadt bereits ihr heutiges Gesicht.

Blick vom
Dreifaltigkeitsplatz
in die Altstadt

Das Landshuter
Rathaus

Deutsche Bank
HALLHUBER
SPARK

Die Umlaufgemälde im Rathausprunksaal:
Inspiration zur Aufführung der „Landshuter Hochzeit 1475“

Unter den Bögen

Die Schirmgasse,
eine der romantisch,
charmanten Gassen

Ein prächtiges Medaillon
am Silbernagel-Haus
in der Altstadt

Fassade der „Alten Post“

Die Alte Bergstraße

Das Thekla-Kirchlein

Das Burghauser Tor

Die Neustadt

Wochenmarkt
in der Neustadt

Hinter der Stadtmauer im Prantlgarten verbirgt sich das Skulpturenmuseum mit Werk und Sammlung von Prof. Fritz Koenig

Im Alten
Franziskaner-Kloster:
Das LANDSHUTmuseum

MUSEUM
ganzer
Platz

Herzog Georg
der Reiche: Denkmal
am Dreifaltigkeitsplatz

Jugendstilpavillon
an der Wittstraße
mit Blick auf die
Ringelstecherwiese
und das Zeughaus
der Förderer

Landshuter In-Kneipe
„Schwarzer Hahn"
mit Kinoptikum

Kirchgasse

Blick aus der Oberen
Länd auf die Burg

Theaterstraße
mit Ländtor

Zweibrückenstraße
mit Sebastianikirche

Obelisk am
Bismarckplatz

Lichtskulptur in
der Podewilsstraße
mit Citycenter

CCL
P
Zentrum
Ost

Am Alten Viehmarkt:
Skulptur „Familie“
von Karl Reidel

„Banane“: Geschäfts- und Bürohäuser „Am Alten Viehmarkt“

Bischof-Sailer-Platz

Die Kirchenstadt

Imposante Manifeste der Baukunst

Zwei Wahrzeichen beherrschen Landshut: die Burg Trausnitz und die Martinskirche mit dem höchsten Backsteinkirchturm der Welt – 130,6 Meter misst er bis zur großen Kugel des Turmkranzes. Auch in Zeiten von Hochhäusern macht der Blick empor einen noch regelrecht schwindeln. Die Kirche ist ein imposantes Manifest mittelalterlicher Baukunst. Sie wurde von vier Generationen von Bauleuten zwischen 1385 und 1500 errichtet, unter den Baumeistern war der berühmte Hans von Burghausen. St. Martin zeugt von höchster Gottesfurcht und ebenso großem Selbstbewusstsein: Der Legende nach bauten die Landshuter den Turm so hoch, um den Herrschern auf der Burg in die Suppenschüssel schauen zu können. Es ging um Augenhöhe – und es war ein wahnwitziges Vorhaben, das die gotische Baukunst an ihre Grenze trieb. Das 92 Meter lange, knapp 29 Meter breite Kirchenschiff ist lichtdurchflutet. Die 22 Meter hohen Pfeiler haben nur einen Meter Durchmesser, das lässt den Innenraum elegant wirken. Der Effekt ist eine erhabene Leichtigkeit, die jeden Besucher ergreift, ihn sich dem Himmel nahe fühlen lässt. Die Martinskirche ist das imposanteste Landshuter Gotteshaus, von denen es nicht wenige gibt; genannt seien beispielhaft nur Heilig Geist am anderen Ende der Altstadt, ebenfalls von Hans von Burghausen geplant, St. Jodok in der Freyung und die Theklakapelle an der Alten Bergstraße.
Auch Klosterkirchen sind erhalten wie die Dominikanerkirche, die Jesuitenkirche oder die Heilig-Kreuz-Kirche. In Landshut herrschte stets ein reges Klosterleben. Schon bald nach der Stadtgründung hatten sich drei Orden angesiedelt: Zisterzienserinnen, Dominikaner und Franziskaner noch im 13. Jahrhundert; später die Franziskanerinnen zum Heiligen Kreuz. Im 17. Jahrhundert folgten Kapuziner, Kapuzinerinnen, Jesuiten und Ursulinen. Heute gibt es noch zwei Konvente: Das Kloster Seligenthal der Zisterzienserinnen ist das älteste Kloster der Stadt, es wurde 1232 von Herzogin Ludmilla gestiftet, der Witwe des Stadtgründers Herzog Ludwig. Lange war Seligenthal die Grablege der Wittelsbacher. Die Solanusschwestern kamen 1914 nach Landshut, damals noch als Franziskusschwestern, und gründeten das Kinderkrankenhaus. Die acht Konvente, die es bis zur Säkularisation gab, prägten das Erscheinungsbild der Stadt natürlich architektonisch, doch sie hatten auch eine soziale Funktion. Sie übernahmen die Seelsorge, kümmerten sich um Arme und Kranke. Die Bürger dankten es mit Frömmigkeit und Spenden. Erziehungsorden wie die Ursulinen widmeten sich zudem der Schulbildung. Die Ursulinen blieben deshalb länger als alle anderen, bis 1809, von der Säkularisation verschont. Auch Seligenthal eröffnete 1782 eine Schule. Noch immer gibt es die Ursulinen-Realschule und die Schulstiftung Seligenthal. Die protestantischen Gemeinden Christuskirche, Auferstehungskirche und Erlöserkirche haben ihren festen Platz im Stadtleben. Die erste protestantische Kirche gab es ab 1849 am heutigen Regierungsplatz. 1897 folgte ein größerer Neubau jenseits der Isar: die Christuskirche. Die anderen beiden Kirchen wurden in den 1960er-Jahren errichtet. Auch der orthodoxe Glaube wird gelebt: Die griechisch-orthodoxe Gemeinde nutzt die Magdalenenkapelle des Dominikanerklosters, die russisch-orthodoxe die Laurentiuskapelle, die rumänisch-orthodoxe die Kirche Maria Loreto. In Landshut gibt es zwei Moscheen. Am Dreifaltigkeitsplatz gab es bis 1450 eine Synagoge, bis Ludwig der Reiche die jüdische Bevölkerung vertrieb. Sie wurde in eine christliche Kirche umgebaut und später abgerissen; eine jüdische Gemeinde etablierte sich nicht mehr.

Die Kirche Heilig Blut
auf dem Hofberg

Stiftsbasilika St. Martin, rechts die Leinberger Madonna

Glasfenster von Max Lacher: Darstellung des Martyriums des Hl. Kastulus.

Die Henkersknechte tragen Gesichtszüge von Hitler, Göring und Goebbels

Die hochgotische,
dreischiffige Hallenkirche
mit ihren hohen
schlanken Säulen

Der Martinsfriedhof
mit Frauenkapelle

Das monumentale
Hauptportal

Eingangs-Portal
der Ursulinenkirche
„St. Josef“

Portal der spätgotischen Hallenkirche „Heilig Geist“

Hl. Geistkirche
und Hl. Geistspital

Rückfront der
Dominikanerkirche
St. Blasius

Vom Münchner Hofkünstler Johann Baptist Zimmermann wurde die Kirche zu einem Juwel des Rokoko umgebaut (1747)

Die Freyung:
Das Viertel um die Jodokskirche wurde 1338 als dritte große Stadterweiterung angelegt

Jodokskirche: Die älteste Pfarrkirche Landshuts

Die Kirche ist heute vor allem neugotisch ausgestattet

Ein spiritueller Ort,
die Krypta von St. Jodok

Christuskirche:
Die älteste evangelische
Kirche in der Stadt,
im neuromanischen Stil

Die spätgotische
Hallenkirche St. Nikola

Die neubarocke
Pfarrkirche St. Margaret
im Stadtteil Achdorf

Die alte Achdorfer
St. Margaret-Kirche

Die Abteikirche
Seligenthal des
Zisterzienserinnen-Ordens

Die Ausstattung im Rokokostil entstand in der Zeit 1732/34 mit einem Deckengemälde von Joh. Baptist Zimmermann

Die Rochuskapelle
am Orbankai

Die Stadt am Fluss

Die Isar prägt das Gesicht der Stadt

Ein Fluss verspricht Leben in einem Ort. Die Isar gestaltet das Gesicht der Stadt entscheidend mit: als frisch glitzernder Strom, als Oase der Ruhe entlang der Ufer, als Fluss, der die Stadt mit seinen beiden Armen auch strukturiert und teilt. Erst nach Mitterwöhr finden die Flussarme wieder zueinander.

Doch erst seit Mitte der 1950er-Jahre fließt die Isar so friedlich. Bis dahin schwoll der Strom regelmäßig durch Starkregen oder Schneeschmelze so gewaltig an, dass die Wassermassen übers Ufer traten und die Stadt überschwemmten. Erst der Bau der Flutmulde in den 1950er-Jahren brachte Entlastung: Dieser grüne Streifen nimmt jetzt bei Hochwasser die Wassermassen auf und führt sie an der alten Stadt vorbei. Die Beziehung der Landshuter zu ihrer Isar war also nicht immer leicht, doch sie ist innig. Ohne Isar gäbe es Landshut wohl nicht. Die Stadt wurde bewusst an einem Fluss gegründet – einem Handelsweg. Lange gab es einen regen Floßverkehr, laut Fahrplan dauerte eine Fahrt von Freising nach Landshut fünf Stunden. Noch heute tragen Ländtor und Ländgasse die einstige Floßlände im Namen, dort war eine Anlegestelle. Die Bürger lieben die Isar und suchen ihre Nähe. Tatsächliche Uferorte mit Sand oder Kies gibt es wenige, die Isar steckt in einem zähmenden Betonbett. Doch an einigen schattigen Kiesbänken kann man picknicken und die Füße ins Wasser strecken. Gerade in der Innenstadt gab es immer wieder Überlegungen, die Isar über Treppen zugänglich zu machen. Die Strömung ist aber stark, schwimmen in der Isar nicht gestattet. Gleichwohl können die Landshuter der Isar sehr nah kommen. Fuß- und Radwege führen zum Beispiel entlang der Isarpromenade und am Isargestade, auf den Bänken lassen sich viele in einer sonnigen Mittagspause nieder. Bis zum Isarspitz verlaufen bequeme Wege an der Isar entlang. Am Orbankai sitzt man idyllisch unter Bäumen, während die Enten und Schwäne aus dem Wasser watscheln, um zu ruhen oder Brotkrumen zu suchen.

Wo Wasser ist, lassen sich auch Handwerker nieder, die es für ihre Arbeit brauchen. So war es früher im Stadtteil Zwischenbrücken: Dort fand man Gerber, Fischer, Müller. Letztere gaben der Mühlensinsel ihren Namen. Bis in die 1970er-Jahre waren dort, wo die Isar sich teilt, viele Mühlen beheimatet, angezogen und angetrieben vom Wasser, zuletzt zusammengeschlossen als Vereinigte Kunstmühlen Landshut-Rosenheim. Als sie dort nicht expandieren konnten, wurden sie ausgelagert – und die Mühleninsel zum Park umgestaltet. Sie ist heute ein Ort der Erholung und Ruhe am Wasser für alle Bürger. Die Stadt hat es glücklicherweise geschafft, den Zugang zum Fluss weitgehend öffentlich frei zugänglich zu belassen.

Auch Touristen profitieren von der Isar – nicht nur, weil sie bei Besuchen in der Innenstadt am Wasser flanieren können, sondern weil der Campingplatz in Mitterwöhr direkt an der Isar liegt. Ein idyllisches Fleckchen. Schließlich verleiht die Isar auch den Dulten zweimal im Jahr einen besonderen Charakter, werden diese doch auf der Grieserwiese und damit direkt an der Isar abgehalten. Die Feuerwerke sind auch deshalb so beliebt, weil sich die Farbexplosionen malerisch im Wasser spiegeln.

Ein Fluss steht mehr für Geschwindigkeit als Stillstand, doch strahlt er stets auch eine ruhige Kraft aus, die sich auf alle überträgt. Die Isar im Herzen der Stadt ist für die Bürger gleichermaßen lebhafter Treffpunkt und Ort der Erholung.

Die Isar zur
Hl. Geistbrücke hin

Das Ludwigswehr
mit St. Martin und
Burg Trausnitz

Die Ussar-Villa
am Maxwehr

Orbankai
und Maxwehr

Der Brückenheilige
St. Nepomuk,
Steinskulptur von
Karl Reidel, auf der
Hl. Geistbrücke

Die Kleine Isar
flussaufwärts,
von der Seligenthaler
Brücke aus

Die Mühleninsel,
ein Ort zur Entspannung,
inmitten der
historischen Stadt

„Rauchensteiner“,
das Restaurant für
Kulinarik und Kunst

Das romanische
Portal zum Hauptfriedhof

Die Schwedensäule
an der idyllischen Allee
entlang der Isar

Spazier- und
Laufstrecke
parallel zur Isar

Die Achdorfer
Eisenbahnbrücke über
die Isar, ein imposantes
Bauwerk von 1883

Die Isarpromenade mit Röcklturm und Badhaus der Residenz

Am „Isarspitz“
vereinigen sich wieder
die Flußarme „Kleine -“
und „Große Isar“

Fischerboote
am Stausee

Nachts an der
Isarpromenade

Die Stadt im Grünen

Eine Oase im Trubel der Zeit

Landshut ist eine grüne Stadt – sogar im Zentrum. Zwar sind Altstadt und Neustadt historisch belassen: ohne Bäume und Sträucher. Doch schon der Platz in der Freyung ist von Bäumen gesäumt, und bald dahinter erhebt sich großzügig der Hofgarten. Er befindet sich seit 1836 im Besitz der Stadt, die ihn erworben hat, um ihn für ihre Bürger zu öffnen. Diese rund 27 Hektar Grün sind gerade im hektischen Leben der Gegenwart eine Oase inmitten der Stadt:
Der Hofgarten ist vom Zentrum in wenigen Minuten zu erreichen. Wer ihn betritt, hat fast umgehend jeglichen Stress hinter sich gelassen, ist umgeben nur von Grün und Stille. Berufstätige wie Einkaufsbummler können dort Kraft tanken und zur Ruhe kommen – und sich dann gestärkt wieder in den Trubel stürzen oder weitergehen bis zur Burg Trausnitz.
Als er in herzoglichem Besitz war, gab es im Hofgarten einen Tierpark mit Damwild, Rehen und Sauen, dort wurden auch Jagden veranstaltet. Gejagt wird heute nicht mehr, ein Tiergehege unter anderem mit Damwild und Eulen, Ziegen und Enten gibt es aber noch. Der Hofgarten ist daher auch bei Familien für den Sonntagsspaziergang sehr beliebt.
Ebenso zentrumsnah liegt die Mühleninsel, die in den 1980er-Jahren zur kleinen Parklandschaft umgestaltet wurde. Auf dem Rasen tummeln sich im Sommer vor allem Schüler, auf den Bänken entlang der Isar lassen sich Menschen aller Altersgruppen nieder, lesen Zeitung oder schlecken ein Eis, das Wasserspiel hat es vor allem Kindern angetan.
Überquert man die Mühleninsel, landet man schnell wieder im Grünen: im Stadtpark. Auf den Spielplätzen dort kommen Familien zusammen, im hinteren Abschnitt treffen sich an warmen Tagen Freizeitmannschaften zum Fußballspielen.
Bleibt man hingegen auf der Mühleninsel, die von der Kleinen und der Großen Isar umschlossen ist, führen den Spaziergänger oder Radler schöne Wege an der Isar entlang nach Mitterwöhr und dort bis zum Ende der Insel, zum Isarspitz. Auch dies ein oasenhaftes Fleckchen, an dem der Landshuter Campingplatz liegt. In die andere Richtung erstrecken sich die Isarauen: ein Paradies mit lichtem Wald, unterbrochen von Wiesenflächen. Dort treffen sich Walker, Jogger und Spaziergänger, die oft auch ihre Hunde ausführen, und es gibt einen Fitness-Parcours. Zwar darf man in der Isar um Landshut nicht baden, doch für naturliebende Wasserratten gibt es im Sommer die Gretlmühle unweit der Stadt, ein Naherholungsgebiet mit Badeseen, das schnell mit dem Fahrrad erreichbar ist und doch ruhig im Grünen liegt.
Eigentlich zum Hochwasserschutz errichtet, ist die Flutmulde ebenfalls ein grünes Erholungsgebiet. Fußwege verlaufen durch die Auen, im Winter sind Loipen gespurt.
Wer etwas länger Zeit hat, lenkt seine Schritte Richtung Berndorf. Über den Hofberg gelangt man schnell zum Kirchlein Maria Bründl, das beschattet von alten Bäumen oberhalb des Salzdorfer Tals steht. Der Blick reicht weit über die grüne Hügellandschaft. Ein etwas längerer Marsch wird mit der Einkehr im Biergarten in Salzdorf oder Berndorf belohnt. Schließlich ist auch ein Biergarten ein kleines grünes Naherholungsgebiet.

Die Wallfahrtskirche
„Maria Bründl“

Am „Schwammerl“,
Kultstätte auf dem
Annaberg

Ein grandioser
Stadtblick vom
Hofberg-Schanzl aus

Die „Teufelsbrücke“
im Hofgarten

Der Fialenplatz mit
Relikten vom Turm
der Martinskirche

Im Herzoggarten
mit Herzogschlösschen

Blick aus Aign auf
die Stadtwahrzeichen
St. Martin und
Burg Trausnitz

Berndorf, eine beliebte
Ausflugs-Gaststätte

Der „schiefe Turm“ der Salzdorfer Kirche St. Ottilie errichtet um 1480

Kirchenportal der
Salzdorfer Kirche

Blick von der
Carossahöhe

Das Naherholungs-
gebiet Mitterwöhr.
Im Hintergrund die
Frauenberger-Kirche
Maria Heimsuchung

Ein Refugium für Mensch
und Tier, der ehemalige
Truppenübungsplatz

Die Flutmulde,
ein wunderbar renaturierter
Landschaftsstreifen
entlang der Stadt

Albin-Lang-Stadtpark
mit Kinderspielplatz

Blick vom
Klausenberg

Das Ruffini-Schlösschen

Winter über
der Stadt

Die kulturelle Stadt

Es ist immer was los

Seit jeher weiß Landshut zu feiern. Im ausgehenden Mittelalter wurden vor allem Hochzeiten prunkvoll begangen. Die bekannteste ist sicher die Fürstenhochzeit 1475, als Herzog Georg die polnische Prinzessin Hedwig heiratete. Die Landshuter Hochzeit ist heute jedermann ein Begriff, denn sie wird alle vier Jahre detailgetreu nachgespielt und gelebt – so detailgetreu, dass sie als Immaterielles Kulturerbe in die Liste der Deutschen Unesco-Kommission aufgenommen wurde. Drei Wochen lang schlüpfen Landshuter Bürger ehrenamtlich in verschiedene Rollen, vom Brautpaar bis zum Zigeuner, um ein zeitgeschichtliches Abbild zu geben. Es ist ein großes, freudiges und friedliches Fest für die Stadt und für hunderttausende Besucher.

In den Jahren dazwischen muss sich der Landshuter Bürger aber auch nicht langweilen. Im Sommer zieht das Stadtspektakel Straßenkünstler aus Europa an, die unter freiem Himmel und für den Hut, also ohne feste Gage, auftreten. In der ganzen Altstadt verstreut zeigen Jongleure, Musiker, Zauberer und Kleinkünstler, was sie draufhaben. Über der Stadt liegt ein ungezwungenes, kreatives Flair, wenn die Besucher sich von einem Auftritt zum nächsten treiben lassen.

Das Altstadtfest alle zwei Jahre ist ebenso bunt und bietet einen Überblick über das Freizeitgeschehen in der Stadt: Flamenco- oder Ballettgruppen präsentieren sich hier beispielsweise der Öffentlichkeit; lokale Bands aller Musikrichtungen spielen auf mehreren Bühnen in der Altstadt; für die Kleinen gibt es eine Spielstraße. Zwischendurch kann man sich an einem der Essensstände stärken und abends mit viel Musik weiterfeiern. Freunde der Pop- und Rockmusik freuen sich auf den Herbst mit der Nacht der Blauen Wunder. In fast jedem Lokal in der Innenstadt tritt dann eine andere Band auf, man wandert von einer Kneipe zur nächsten und hört in einer Nacht die unterschiedlichsten Musikstile. Ein fester Bestandteil im musikalischen Jahreslauf ist auch die Reihe „Umsonst & Draußen“ im Jugendkulturzentrum Alte Kaserne, bei der Bands bei freiem Eintritt unter freiem Himmel spielen.

Und das ist längst nicht alles. Für Cineasten gibt es das Kurzfilmfestival; wer sich für den afrikanischen Kontinent und dortige Bräuche interessiert, kann die Afrikatage besuchen; die Interkulturellen Wochen wollen vor allem über den kulinarischen Genuss einen Überblick über die Vielfalt der Welt geben. Leseratten werden bei den Literaturtagen alle zwei Jahre bestens mit Literatur in allen Aspekten versorgt: mit Lesungen, einer Ausstellung, Vorträgen oder Theaterstücken. Auch die Burg Trausnitz ist mehr als eine Sehenswürdigkeit. Beim Gartenfestival im Mai zeigen Landschaftsgärtner, Gärtnereien oder Hersteller von Gartenmöbeln ihre Waren. Mit dem Burgfest im Sommer überbrücken Gruppen wie Schwertkämpfer und Fahnenwerfer bei mittelalterlicher Musik die Wartezeit zwischen den Landshuter Hochzeiten. Landshut hat eine lange Tradition als Keramikstadt, auch, weil hier eine Berufsfach- und Meisterschule für Keramiker beheimatet ist. Von Geschirr bis zur Vogeltränke reicht das Spektrum der Keramiker, die ihre Werke beim Haferlmarkt in der Freyung im Spätsommer oder beim Haferlwinter im Innenhof der Residenz ausstellen. Eine feste Einrichtung sind in bester bayerischer Tradition die Frühjahrs- und die Bartlmädult auf der Grieserwiese an der Isar. Die Besucher schlendern über die Verkaufsdult, probieren die Fahrgeschäfte aus und erholen sich dann in den Festzelten und Biergärten bei Hendl und Bier, Steckerlfisch und Käse.

Die Kulturstadt

Das Rennen über die Planken zur „Landshuter Hochzeit 1475“

Open-Air-Konzert
in der Altstadt

Das Altstadtfest

Das Stadtspektakel

Tanzvorführungen im Hof
der Stadtresidenz

„Dult is“,
die Landshuter
Frühjahrs- und
die Bartlmädult auf
der Grieserwiese

Die Keramikstadt Landshut mit ihrem Haferlmarkt in der Freyung …

… und dem
Haferlwinter im
Residenzhof

Der Christkindlmarkt
in der Freyung

Flammlachshütte

Beim großen Finale zeigen sich alle Mitwirkenden der TGL-Familie auf dem Parkett der Dreifachturnhalle des Sportzentrums West

TGL

„Nacht der Blauen Wunder“, Live-Musik mit „Black-Jack“ im Wintergarten

Die musische Stadt

Galerien, Museen, Theater, Konzerte

Konzerte, Theater, Galerien, Museen: Als Bezirkshauptstadt von Niederbayern hat Landshut kulturell viel zu bieten. Alle zwei Jahre finden die Landshuter Hofmusiktage statt, es ist das älteste Festival für Alte Musik in Bayern. Im Frühsommer wird die Stadt dann zum Treffpunkt für Liebhaber dieser klassischen Musik, hochkarätige Ensembles treten an verschiedenen Orten auf: die Landshuter Hofkapelle ist ebenso dabei wie Giora Feidman oder Marco Beasley. Das große Festival hat sich seit vielen Jahren bei Kennern etabliert – ebenso wie die Konzertreihe der Freunde der Musik, die regelmäßig Starmusiker der Klassik in den Rathausprunksaal holen, beispielsweise Olli Mustonen oder das Rodin-Quartett.

Auch die bildende Kunst kommt nicht zu kurz. Die Galerien im Rathaus und im Röcklturm zeigen regelmäßig wechselnde Ausstellungen, dazu kommen unter anderem mit Kunstverein, Neuer Galerie, Galerie Litvai oder Galerie Jahn private Kulturmacher, die oft hochkarätige Ausstellungen von Künstlern verschiedenster Ausprägung zeigen. Malerei, Fotografie, Skulptur und Installation, klassisch oder modern, konkret oder abstrakt: All das ist hier zu sehen.

Die städtischen Museen bespielen Räume in der Residenz sowie das Alte Franziskanerkloster und die Heilig-Geist-Kirche. Hier wird ein breites Feld abgedeckt, von Christian Jorhan bis Michael Sailstorfer, von Archäologie über Keramik bis zur Stadtgeschichte.

Das Skulpturenmuseum im Hofberg widmet sich seit 1998 der Kunst des Landshuter Bildhauers Fritz Koenig (1924 – 2017) – der spätestens durch seine Große Kugelkaryatide (The Sphere) in New York weltberühmt wurde, die den Anschlag 2001 überstand und nun im Liberty Park steht. Das moderne Museum wurde eigens für Koenigs Werke in den Hofberg hineingebaut. Es unterhält auch eine Zweigstelle im Kloster Seligenthal, wo sakrale Werke des Künstlers zu sehen sind.

Die Burg Trausnitz und die Stadtresidenz sind nicht nur als Wahrzeichen jederzeit einen Besuch wert. Die Kunst- und Wunderkammer auf der Burg ist nach dem Vorbild Wilhelms V. gestaltet – der im 16. Jahrhundert auf der Trausnitz eine solche Kammer eingerichtet hatte. Dort ist nun ein Füllhorn an wunderlichen Kunstwerken zu sehen, die die fürstlichen Kunstsammlungen jener Zeit widerspiegeln.

Landshut hat gleich mehrere Bühnen. Das Landestheater Niederbayern zeigt Schauspiel, Musiktheater und Konzerte und deckt mit den Bayerischen Volkstheatertagen auch die bairische Mundart ab. Das Kleine Theater – Kammerspiele Landshut ist genauso ein fester Bestandteil der Theaterlandschaft. Das Haus hat sich auch ohne festes Ensemble einen Namen für kleinere, ausgefallenere Produktionen gemacht. Mit wenigen Mitteln wird hier groß aufgespielt.

Daneben gibt es in der Stadt zahlreiche Laienbühnen.

Ein Höhepunkt für junge Leute ist das Altstadt-Open-Air. Im Sommer wird dann die ganze Altstadt zur Arena, wenn vor dem Rathaus eine große Konzertbühne steht. Niederbayern mit Provinz gleichzusetzen, Landshut mit Kleinstadt – das wird ad absurdum geführt, wenn sich Tausende vor der Bühne drängen und Revolverheld, Hubert von Goisern und Moop Mama zujubeln. So wundert es nicht, dass Landshut im Städtevergleich meist gut dasteht und in verschiedenen Rankings unter den Top Ten der beliebtesten Wohnorte Deutschlands zu finden ist. Landshut ist Mittelalter und Moderne, Klassik und Pop, bayerisch und international: eine vielfältige Kulturstadt.

Abtei Seligenthal:
Fritz Koenig. Kultbild.
Aus Werk und Sammlung

Skulpturenmuseum
im Hofberg – Stiftung
Fritz und Maria Koenig

Ausstellung
im „Kunstraum
Burg Trausnitz“

Michael Sailstorfer-
Ausstellung in der
Galerie Jahn

Der Röcklturm:
Literaturcafé und
Ausstellungsraum

Die „Wunderkammer"
in den Räumen
der Burg Trausnitz

Die „Neue Galerie Landshut“ im gotischen Stadel auf der Mühleninsel

LA-Projects Galerie in der Kirchgasse

Jahresausstellung
des Kunstvereins
Landshut in der
Großen Rathausgalerie

Krippenausstellung
in der Dominikanerkirche

Die Schatzkammer
von St. Martin

Der Neubau des
Bayer. Staatsarchivs

Die Hochschule
Landshut

Das „kleine theater Kammerspiele Landshut“ im Rottenkolberstadel

Messepark Landshut:
Vorne das Theaterzelt des
Stadttheaters, dahinter
die Sparkassenarena
mit live-BOX

Open-Air-Aufführung
des Landestheaters
Niederbayern im
ehem. Prantlgarten

Theater Konrad

Theater Nikola

ARD-Serie
„Um Himmels Willen“:
„Bürgermeister Wöller“
(Fritz Wepper) und
„Schwester Hanna“
(Janina Hartwig) blicken
aus dem Erker des
Rathauses „Kaltenthal“
(Landshut)

Die Landshuter
Turmbläser beim
alljährlichen
Neujahrskonzert auf
dem Rathausbalkon

Konzert im
Rathausprunksaal

Breitkopf & Härtels Orchesterbibliothek.

Event in der
Sparkassenarena

Chorkonzert in
der Alten Kaserne

Landshuter
Hofmusiktage:
A-cappella in der
Hl. Geistkirche

Konzert im Innenhof
der Stadtresidenz

Ein Bild innigster Harmonie von Stadt und La

ıaft von Geschichte und Gegenwart. (Eduard Duller 1845)

Feuerwerk an der Isar

Abend-Stimmung

Heißluftballon-Start am Flugplatz Ellermühle

BADER
Ziegelwerke
Eine Entscheidung
für's Leben

Die nostalgische Dampflokomotive auf der offiziell stillgelegten Bahnstrecke Landshut-Rottenburg

Trausnitz Castle – Where it all began
(Die Burg Trausnitz – Wo alles begann)

High above the city of Landshut stands Trausnitz Castle. The impressive building was once residency of the dukes of Lower Bavaria. Landshut was founded in 1204 by Ludwig I. and he had good reasons for doing so: The hill is an excellent vantage point; the river Isar was an important traffic route, the small town that already existed there was an important junction of military and trading roads. Landshut as residence town thrived and grew fast.
Trausnitz Castle used to be the ancestral seat of the House of Wittelsbach. Here, the souvereigns resided, here they had their celebrations und demonstrated their power – they did this by building and rebuilding parts of the castle over centuries. You can still see the remains today: A mighty, protective castle dating from the Middle Ages from the outside, the inner part reveals Renaissance style, surrounded by arcades. Today, it is also home to the cabinet of curiosities, a museum in the tradition of Wilhelm V.'s cabinet in the 16th century. From that time originates the famous Narrentreppe, Fool's Straicase, in the castle which shows figures of the Commedia dell'arte.
Trausnitz Castle was mainly formed by the Rich Dukes. They made Landshut flourish from the late 14th to the early 16th century.
The immense power radiating from Landshut attracted the best of each profession: Landshut armorers were famous all over Europe, admired builders like Hans von Burghausen and sculptors like Christian Jorhan as well as many merchants came here. During the 17th century the importance of the town decreased – luckily as one might say today. Therefore, Landshut still looks very much as it did in its heyday. Also during the World Wars, only little of it was destroyed.

The Town Residence – First Renaissance Palace north of the Alps
(Die Stadtresidenz – Der erste Renaissance-Palast nördlich der Alpen)

The prosperous century of the Rich Dukes ended in the Landshut War of Succession 1503 – 1505. In the end, the two brothers Ludwig X. and Wilhelm IV. split up the duchy: Wilhelm resided in Munich, Ludwig in Landshut. It was a common reign in two residential cities. During that time, duke Ludwig X. had the Town Residence built by the most famous builders of his time. A builder from Augsburg began his work in 1536 in the old town of Landshut, right in the middle of the city. This part of the residence was later called German Building.
During a journey through Italy in the same year however, the duke was so impressed by the Palazzo Te of the Duke of Mantua that he changed his plans and hired the Italian builder Sigismondo for the rest of his Residence. Therefore, the other parts of the City Residence that enclose an elegant arcade court and stretch way back to the River Isar, were built in the High Renaissance Style. It is called Italian Building. In Landshut at the time this was a sensation.
The City Residence was the first Renaissance palace north of the Alps. Also the inside was

designed in Italian Style: Italian stuccoers worked in the vaulted rooms, famous artists like Hans Bocksberger the Elder painted religious picture cycles. In 1539, the German Building was finished, the Italian Building followed in 1543. About 1780, Wilhem von Birkenfeld-Gelnhausen arranged the famous neoclassical Birkenfeld Rooms in the German Building. The later king Ludwig I. resided there during his stay in Landshut in 1803.

The Old Town – An Old Bavarian Residential City
(Die Alte Stadt – Eine altbayerische Residenzstadt)

Should the Rich Dukes travel through time and come to today's Landshut, they wouldn't have any problems finding their way through town. Old Town, New Town, the lanes and Freyung were already there when they lived here. From the town's founding it was very attractive for merchants and traders, artists and builders, craftsmen and clergy. So Landshut grew fast. The early town was built around the central Romanic Church, where today St. Martin stands, in almost a circle.
The young town was seeking protection near the church as well as near the castle. From there, the town spread with the growing number of inhabitants. At the end of the 13th century already the city extended to Heilig-Geist-Spital at the other end of today's Old Town. Until then, the buildings stood close together, the square-like look of today is from the 14th century. The young town was a victim of fire twice: in 1342, 112 houses and many outhouses were destroyed – all of them were made of wood. Consequently, all future buildings had to be built of stone, But the fire in 1405 still destroyed many houses. Landshut was founded in 1204, and already from 1250 on a glorious, wide street was built, the New Town. It was used as a second market place, as well as Freyung, founded in 1338. This part of the town was ten years tax free for people living there; the name Freyung comes from „frei", meaning free.
The growing town was surrounded completely by a city wall. Through eight gates only could visitors gain entrance. Only two of them still exist: Ländtor near the river Isar, and Burghauser Tor on the way to the castle. Two round towers are the remains of other gates. Landshut's prosperity over almost 300 years made the city a permanent building site: infrastructure, extension, houses, churches and abbeys were built over years and decades. When the last Bavarian duke died in 1545, the heart of the city already looked as it does today.

City of Churches – Evidence of Impressive Architectural Skill
(Die Kirchenstadt – Imposante Manifeste der Baukunst)

The town's landmarks are Trausnitz Castle and the church St. Martin with the world's highest brick tower (130,6 m). Even in times of sky scrapers, looking up the tower makes one feel giddy.

The church is an impressive example of the medieval art of building. Four generations worked on it, it was built from 1385 until 1500. St. Martin shows both religious awe and great self-confidence. According to the legend, the tower was built that high, so that the citizens were at the same height as the sovereigns in the castle on top of the hill. It is a masterpiece of gothic architecture. The nave's length is 92 m, its width only about 29 m. The pillars are 22 m high but only one meter in diameter. It is a light-flooded and very elegant church giving an impression of surprising lightness. St. Martin ist the most striking house of prayer in Landshut – although there are a lot of them.
Besides, Landshut used to have many abbeys, monasteries as well as convents. Dominicans, Franciscans, Jesuits, Capuchins, Ursulins and Cistercians settled in the town. The convents characterized its appearance, and nuns took care of the poor and sick, offered pastoral counselling and jobs, some also provided for schooling.
The citizens showed their gratitude with piety and money. Later, only two convents still existed, Ursulins and Cistercians. Now, only the Cistercian convent Seligenthal is left. It still is an important school site in Landshut.
There are also protestant churches in Landshut, but it took until 1849 until the first was built; the most important is Christuskirche. It was built in 1897 – across the river, outside the city centre. At Dreifaltigkeitsplatz there was once a synagoge which Duke Ludwig the Rich had destroyed in 1450 when he expelled the Jewish community.

City on the River – The Isar, Heart and Soul of the City

(Die Stadt am Fluss – Die Isar prägt das Gesicht der Stadt)

The river Isar flows right through the town, splitting up into the Great and the Small Isar almost in the middle of the city. The citizens love their river, and the town wouldn't have been founded without it: The river used to be an important trade route for rafts. But the relationship between the citizens and the river was not always easy as there was often flooding. In the 1950s the council solved the problem by building the Flutmulde around the city: During floods, it takes the masses of water so that the city centre is spared. In normal times, it is a recreational area for the people.
Now people stroll along the river, they sit on benches on the riverbank and enjoy the peaceful atmosphere the flowing water brings into town. There are a lot of places to relax near the river, e.g. the Mühleninsel, Mills' Island, between the two branches of the river. Instead of several mills there now is a nice little park. The alley of Orbankai is a good shadowy place to linger. At Zwischenbrücken, Between-Bridges, craftsmen once lived who needed water for their work: millers, fishermen, tanners. Also tourists profit from the river: The camping site is at the end of the island, where the river branches rejoin.

Green City – Oasis in the Turmoil of Time
(Die Stadt im Grünen – Eine Oase im Trubel der Zeit)

Landshut is a green city, even at its centre. It only takes a few minutes' walk from the Old Town to Hofgarten, the court's garden, that stretches up the hill to Trausnitz Castle. It is an oasis of calm, a haven of tranquility which immediately lets people forget their stress. When in ducal possession, it used to have an animal enclosure with fallow deer and boars for hunting. There still are deer, owls, goats and ducks in the garden and wood of 27 hectares, so the garden is also popular with families. And that's what the city council had in mind when buying it in 1836: It should no longer be just for a few privileged – or for students, since it belonged to university later. The garden was planned to be there for everyone, free to enter the whole day, for recreation. And the citizens still love their court's garden.

Cultural City – There's always something going on
(Die kulturelle Stadt – Es ist immer was los)

The citizens of Landshut like to celebrate. During the late Middle Ages, it was of course titled weddings that were celebrated pompously and on a grand scale. The most popular nowadays is the Landshut Wedding of 1475, when Duke Georg the Rich married the Polish Princess Hedwig. Nowadays, more than 2000 people reenact the celebrations every four years. During these three weeks, the whole city of Landshut and hundreds of thousands of visitors party together peacefully.
In the remaining time however, no one will feel bored. In the years without Landshut Wedding, the Altstadtfest, Old Town Party, turns the city centre into a huge party zone: local bands play classical music and rock, swing and folk, Flamenco or ballett groups perform, and one of the lanes is corded off for children's games. Additionally in summer, street performers from all over Europe meet here for the open-air Stadtspektakel, City Spectacle: bands, jugglers, fire-eaters, pantomimes show their skills. One of the most spectacular events for young people is the Altstadt-Open-Air, Old Town Open Air Concert: Several thousand visitors crowd in front of the huge stage right in the middle of the Old Town, when bands like Moop Mama, Hubert von Goisern, Revolverheld, Django 3000 or Dicht und Erfgreifend play.
Cineasts can visit the Short Film Festival in March, whoever enjoys a good book can visit Landshut Literature Days every two years in November. Africa Days and Intercultural Weeks show the diversity of different continents and cultures.
Since Landshut is well-known for its ceramic craft due to its college of ceramics, there are pottery markets twice a year, where the master ceramicists show their arts and crafts.

City of fine arts – Galleries, Museums, Theatres, Concerts

(Die musische Stadt – Galerien, Museen, Theater, Konzerte)

Being the district capital of Lower Bavaria, Landshut has a lot to offer: galleries, museums, theatres and concerts. For Hofmusiktage, world famous musicians of Old Music come to Landshut. Due to the performing high-class ensembles, the festival has a good reputation with connoisseurs of that scene. Freunde der Musik, the association Friends of Music, also organize regular high-class classical concerts with famous musicians.

Several Galleries and also the city‘s museums show various exhibitions: abstract as well as figurative art, paintings and photography as well as sculptures. Landshut‘s sculpturor Fritz Koenig (1924 – 2017) – famous throughout the world for his Sphere that used to stand at the World Trade Center until 9/11 and has now was been reinstalled in Battery Park in New York – can be admired in his own museum since 1998.

Trausnitz Castle and Town Residence also are more than sightseeing objects. They too can be visited and are evidence of their eventful history.

Landshut has several theatres – quite unusual for a town of its size. Landestheater, the District Theatre, shows excellent performances both in straight and music theatre. Also Wagner has been performed there successfully. Besides, Kleines Theater, Small Theatre, is an essential part of the city‘s theatre scene. Though not having a company of its own, it shows unusual plays with unusual plots at a high standard. Apart from these two professional ones, there are several amateur theatre companies, often focusing on dialect plays.

FOTONACHWEIS

Hackl Michael	Titelseite, Seite 2, 9, 14, 15, 16/17, 18, 19, 20/21, 24/25, 29, 30/31, 32, 33, 34/35, 36, 37, 38/39, 40, 41, 44/45, 49, 50, 52/53, 54, 56, 57, 58/59, 60/61, 62, 65, 66, 67, 68, 69, 70/71, 82, 83, 84, 85, 88, 90/91, 92, 96, 98, 99, 100/101, 102/103, 104, 106/107, 108, 109, 112, 113, 114/115, 116/117, 118, 119, 124/125, 133, 134, 135, 136, 137, 138/139, 140/141, 142/143, 144, 145, 146, 147, 148/149, 152/153, 154, 155, 159, 160/161, 168, 169, 184 oben, 188, 191, 193, 205, 210/211
Hagl Patrick	Seite 26/27
Klemann Horst	Seite 4, 7, 48, 72/73, 74, 75, 78/79, 80, 81, 86/87, 89, 93, 94/95, 110/111, 120/121, 122/123, 126/127, 128/129, 150/151, 166/167, 170/171, 208/209, 212/213, 216/217, 218/219
Ott Toni	Seite 6, 46/47, 177, 178/179, 189
Di Sclafani Mirco	Seite 43
Stix Helmut	Seite 8, 10/11, 12, 13, 51, 55, 64, 77, 97, 130/131, 156/157, 180/181, 186/187
Vinçon Christine	Seite 22/23, 63, 162, 163, 164, 165, 172/173, 174/175, 194/195, 198/199, 200/201, 202/203, 204, 206/207
Galerie Jahn	© Seite 182/183
Bayer. Nationalmuseum	© Seite 184 unten
Neue Galerie	© Seite 185 oben
LA-Projects	© Seite 185 unten
Bayer. Staatsarchiv	© Seite 190, Fotograf Edzard Probst
kleines theater	© Seite 192
Theater Konrad	© Seite 196 oben
Theater Nikola	© Seite 196 unten
ARD Programmdirektion	© Seite 197, Bildredaktion, Barbara Bauriedl

VITAE

HELMUT STIX

1939 in Landshut geboren.
Von Beruf Schaufenstergestalter, bis 1974 in Landshut,
1974 – 1981 Chefdekorateur und Werbeleiter in Göttingen,
ab 1981 bei der Stadt Landshut, von 1985 – 2005 Kulturbeauftragter.
Schon sehr frühes Interesse an Malerei und Grafik.
Viele Jahre Schüler des akademischen Kunstmalers Johann Vogl in Landshut.
Mitglied im Bund Bildender Künstler Niederbayern/ Oberpfalz.
Seit 1975 Ausstellungen im In- und Ausland.
Herausgeber und Mitarbeiter bei zahlreichen Büchern zur Stadt Landshut
und der „Landshuter Hochzeit 1475“

KATRIN FILLER

1973 in Erlangen geboren, seit 1985 in Landshut.
Studium der Neueren Englischen Literatur und Rhetorik in Tübingen und Glasgow.
Seit 2003 Redakteurin der Landshuter Zeitung, dort seit 2013 stellvertretende Leiterin
des Feuilletons. Mitherausgeberin des Bandes „Landshuter Hochzeit 1475.
Ein lebendiges Gemälde“

IMPRESSUM

ISBN 978-3-942742-95-5

Herausgeber: Helmut Stix, Katrin Filler
Gesamtkonzeption und grafische Gestaltung: Helmut Stix
Text und englische Übersetzung: Katrin Filler
Digitale Aufbereitung: Fotostudio Michael Hackl
Druck und Verlag: Cl. Attenkofer'sche Buch- und Kunstdruckerei, 94315 Straubing
Mit freundlicher Unterstützung der Stadt Landshut